F*CK L'ESTIME DE SOI

MANUEL DE SURVIE QUAND ON NE SE SENT PAS À LA HAUTEUR

Dr Michael Bennett et Sarah Bennett

Traduit de l'américain par Florence Ludi

Publié avec le soutien de la Région
Languedoc Roussillon Midi Pyrénées

LANGUEDOC ROUSSILLON
LA RÉGION MIDI PYRÉNÉES

www.thierrysouccar.com

ISBN 978-2-36549-210-2

Conception graphique et mise en page : Catherine Julia
Couverture : Atelier Didier Thimonier
Imprimé par France Quercy à Mercuès (France)
N° d'impression : 60894C

Dépôt légal : 4e trimestre 2016

Pour la génération précédente, Claire et le Dr Jacob Bleiberg ainsi que Beatrice et Jacob Bennett. Malgré ce qu'ils ont vécu, ils n'ont cessé de rester fidèles à leurs valeurs et de tout faire pour que nos vies soient bien plus faciles.

Et pour notre ami et mentor légendaire, le Dr Ted Nadelson, qui nous a appris que le meilleur moyen d'aider des personnes à accepter les difficultés de la vie est de les faire rire.

Dès lors qu'il s'agit d'émotions, il n'est pas question de ce qui « devrait » ou « ne devrait pas » être. Celles-ci font intimement partie de nous et échappent à notre contrôle. Lorsque nous aurons compris cela, il nous sera plus facile de faire des choix constructifs vis-à-vis de ces émotions.

FRED ROGERS[1],
The World According to Mister Rogers:
Important Things to Remember

1 Fred Rogers, mort en 2003, était un célèbre animateur américain, producteur de télévision, acteur, compositeur et scénariste. (NdT)

SOMMAIRE

Que voulez-vous vraiment ?

BEAUCOUP LISENT DES GUIDES DE DÉVELOPPEMENT personnel dans l'espoir d'aller mieux ou vont voir un psy car, malgré tous leurs efforts, ils n'arrivent pas à régler leurs problèmes. Ils sont déprimés, angoissés, minés par des pulsions autodestructrices ou une relation conflictuelle, trop gros, trop maigres, etc. Ils espèrent un conseil ou une thérapie qui soulagera leur souffrance, renforcera leur self-control ou leur permettra de renouer avec un proche. Une recette miracle en quelque sorte.

Avec la F*ck thérapie, vous découvrirez l'approche, plus réaliste, du Dr Lastname[2]. En fait, le pseudonyme de

2 Jeu de mots, *last name* signifiant nom de famille en anglais. (NdT)

vos serviteurs : le Dr Michael Bennett, psychiatre diplômé de Harvard qui, en quarante ans, a guéri des centaines de patients souffrant de relations conflictuelles, de troubles du comportement ou de maladies psychiques rebelles à tout et Sarah Bennett, sa fille, auteur de sketches satiriques pour le Upright Citizens Brigade Theatre de New York.

Après avoir observé la différence entre ce que quelqu'un attend d'une thérapie et ce qu'il en retire, je (Dr Bennett) suis convaincu qu'en réalité beaucoup se voilent la face. Ces personnes qui demandent de l'aide – et tablent sur la résolution de leurs problèmes – ne voient pas que bien des choses dans la vie, chez les autres ou dans leur propre personnalité, ne peuvent être changées. Elles se considèrent comme des losers ou des personnes en quête de sens, incapables de vivre vraiment tant qu'elles n'ont pas trouvé une solution à leur problème. Cramponnées à l'idée qu'il existe forcément un remède, elles en viennent à s'interroger sur ce qu'elles, ou leur psy, ont bien pu faire pour foirer la thérapie. Hélas, trop de thérapeutes souhaitent tellement aider leurs patients à exaucer leurs vœux qu'ils confortent leurs faux espoirs. Pas moi.

La F*ck thérapie va droit au but. Elle affirme que, bien souvent, vous ne vous êtes pas planté. Inutile donc de redoubler d'efforts ou d'espérer plus longtemps une amélioration. Il faut accepter que la vie est difficile et que vos efforts vains en apparence sont en fait précieux pour identifier ce que vous ne pouvez pas changer – à propos de votre personnalité, comportement, de votre conjoint, enfant, boss, pays, de votre chien, de vos émotions, etc. La F*ck thérapie vous montre ensuite comment mieux affronter les problèmes inextricables du quotidien sans chercher par tous les moyens à y remédier. Si vous êtes prêt à l'admettre, vous trouverez dans notre collection de livres de nombreuses suggestions pour mieux faire face à tout ce qui vous perturbe – en commençant par arrêter de ressasser ce qui ne marche pas.

Vous aimeriez peut-être cesser d'aimer ou de haïr telle ou telle personne, ne plus éprouver le besoin de boire ou de vous droguer, ne plus avoir le blues ou encore que votre conjoint, enfant ou parent soit différent de ce qu'il est. Mais au moment où vous cherchez de l'aide, il est généralement évident que tout n'est pas réalisable. Pourtant, vous avez voulu y croire. Comprenez que vous ne pourrez pas évoluer, ni être aidé(e) tant que vous ne l'admettrez pas, tant que vous ne prendrez pas sur vous et transformerez votre désir farfelu en un objectif réaliste.

Acceptez ce qui est. Une dépression est souvent chronique et incurable. Alors acceptez-le pour cesser de culpabiliser parce que vous ne réussissez pas à vous en sortir. Arrêtez les traitements inefficaces. Adoptez toutes les mesures positives qui contribuent à mieux vivre avec votre maladie ou ce qui vous mine. Acceptez que certaines pertes *sont* douloureuses pour cesser de vous morfondre. Vous aurez toujours le cœur lourd, mais vous pourrez enfin aller vers une vie plus légère. Acceptez que des pulsions vous poussent vers des comportements, des partenaires sexuels ou des substances néfastes, que rien, qu'aucune introspection, ne pourra modifier. Arrêtez de vous demander pourquoi vous n'êtes pas parfait et faites en sorte que vos faiblesses ne vous transforment pas en un handicapé de la vie.

Grâce à ce livre, vous découvrirez que vous êtes bien moins responsable de vos malheurs que vous ne le croyez. Des méthodes qui ont fait leurs preuves vous permettront de tirer le meilleur parti de votre vie (vous ne les utilisiez pas car vous étiez davantage préoccupé par vos vœux chimériques que par la résolution de vos problèmes).

Nous ne vous garantissons pas le bonheur – plutôt le contraire. Nous vous livrons des méthodes pour affronter avec force et fierté les inévitables épreuves de la vie. Il n'est pas question de dénigrer le bonheur, il s'agit de ne pas se sentir responsable de ce qui ne dépend pas de vous. Dans la vraie vie, les émotions ne font pas la loi, il y a tant de choses sur lesquelles on n'a aucune prise et accepter ses limites, accepter qu'on ne peut pas s'améliorer indéfiniment, voilà la clé pour aller de l'avant et parer à toutes les crasses de la vie. Vous surmonterez ainsi les aléas de l'existence avec une force et un amour-propre décuplés.

On ne peut donc pas vous dire comment renouer une relation rompue depuis des lustres avec un parent hargneux, transformer votre petit ami invivable en un mec super-attentionné ou obtenir le respect de votre chef – parce que personne ne le peut. L'unique ouvrage qui pourrait vous apprendre à modifier la manière de penser d'autrui est un manuel de lobotomie ! Par contre, on vous montrera comment surmonter les déceptions, les rancœurs et/ou le manque d'affection qui en découlent pour y faire face avec réalisme.

En établissant de justes limites, vous pourrez restaurer des rapports paisibles avec un parent difficile. De même, en définissant de justes critères, vous éviterez de choisir un salaud comme petit ami. Et avec des attentes réalistes, vous effectuerez votre boulot malgré un patron infernal ou, mieux encore, vous trouverez un meilleur job. La F*ck thérapie ne vous berce pas d'illusions et ne promet aucun *happy end*, mais donne des moyens concrets pour renoncer à changer ce qui ne peut l'être et faire de son mieux avec ce qu'on contrôle vraiment.

Ce livre comporte des encadrés et des entrefilets comme celui-ci pour que moi, Sarah, je puisse m'amuser :

Mauvaise résolution	Bonne résolution
Être au top du top !	Apprendre à accepter que « je » n'aie pas à être toujours à 200 % et que c'est bien comme ça.
M'aimer enfin !	Aimer l'effort que je fais pour m'accepter tel(le) que je suis.
Ne jamais, jamais boire !	Toujours faire de mon mieux pour résister à un délicieux alcool.

La vie *est* cruelle et injuste. La F*ck thérapie pense donc que la grossièreté est une source de réconfort, de lucidité et de force qui permet d'exprimer de la colère sans culpabiliser, de ne pas broncher en cas de douleur et de se montrer déterminé sans sentimentalité. En revanche, nous ne tolérons pas l'emploi révérencieux de mots obscènes comme « juste » ou « émotions ».

Chaque livre de cette collection traite des désirs habituels de tous ceux qui espèrent résoudre un problème, comme la solitude, une mauvaise opinion de soi ou un conflit, et explique quelle part est irréalisable. À l'aide de plusieurs cas de figure, nous vous montrons comment définir les limites de ce qui est possible et fixer des objectifs réalistes, et nous vous donnons une méthodologie pour les atteindre. De façon répétée, parce que vous avez besoin de l'entendre, nous vous rappellerons de vous respecter dans votre manière de réagir face à un coup de malchance, et non de vous respecter pour votre chance. Enfin, un titre de la collection vous fournira des informations pour trouver la thérapie qui vous convient.

Là où les autres livres de développement personnel garantissent la voie vers un bonheur assuré, la collection *F*ck* affirme qu'une telle voie n'existe pas. *F*ck* promet en revanche qu'aucune situation n'est insurmontable dès lors qu'on conserve le sens de l'humour, qu'on adapte ses désirs à la réalité, qu'on évite les débordements émotionnels et tout comportement déplacé, et qu'on fait ce qui nous paraît juste.

À ceux qui espèrent qu'un de ces nombreux psys, dégoulinants d'optimisme, qui passent à la télé, leur donnera le secret pour être heureux, nous disons fuck le bonheur. Fuck le développement personnel, l'estime de soi, l'injustice, la gentillesse et tout le tintouin. Si vous nous suivez, vous entrerez dans la vraie vie, vous trouverez une solution réaliste à vos problèmes – et tout ça dans cette collection.

Fuck l'estime de soi

La psychologie populaire affirme volontiers que l'estime de soi est la marque d'une bonne santé mentale, mais quand on pense au nombre de personnes qui fondent leur estime d'elles-mêmes sur leur apparence physique, leur attitude positive, leur fortune ou parfois même la simple chance, on voit qu'au fond, cette idée reçue est assez sujette à caution. Tiens, prenez quelqu'un comme Donald Trump : voilà un homme qui a de l'estime de soi à revendre. Mais si ce que l'on voit à l'extérieur de son crâne[3] reflète ce qui se passe à l'intérieur, comment croire qu'il jouisse d'une bonne santé mentale ?

3 L'implantation peu naturelle des cheveux de Donald Trump et leur propension à s'ébouriffer est la cible, aux États-Unis, de nombreuses moqueries et comparaisons peu flatteuses. (NdT)

C'est un fait, les gens dont le bien-être dépend de facteurs sur lesquels ils n'ont pas un contrôle total sont les premiers à avoir l'impression d'avoir tout raté quand la chance tourne et leur fait perdre ce dont ils étaient si fiers. Ajoutez à cela la façon dont les publicitaires veulent nous faire croire que leurs produits feront de nous des gagnant(e)s sexy, attirant(e)s et *so trendy*, et vous aurez de bonnes raisons de ranger l'estime de soi, ou ce que l'on prend communément pour telle, dans la catégorie des drogues dangereuses.

Les gens qui possèdent une estime de soi trop développée et se conssidèrent comme des êtres supérieurs et exceptionnels sont une preuve supplémentaire du risque qu'il y a à surévaluer l'estime de soi. Ayant une conscience plutôt faible de leur tendance à se comporter comme des imbéciles, et donc à nuire sans la moindre gêne à leur entourage, ils sont très fiers de leur franchise et de leur capacité à dire certaines vérités que d'autres sont trop polis ou timides pour exprimer. Ils sont tellement imbus d'eux-mêmes que ça tourne à l'adoration du nombril et pour couronner le tout, ce sont généralement des connards (voir *F*ck les connards* dans la même collection).

S'il existait un crédo de l'estime de soi, il affirmerait que nul ne peut s'assumer pleinement tant qu'il ou elle ne s'aime pas suffisamment. Mais il suffit de réfléchir deux minutes pour voir que si c'était vrai, beaucoup de personnes anxieuses, timides ou doutant chroniquement d'elles-mêmes seraient condamnées à la passivité et à la paralysie, ce qui n'est bien sûr pas le cas. De même, les gens ayant commis des actes terribles ne pourraient pas poursuivre leur chemin de vie avant d'avoir trouvé un moyen de se racheter, ce qui n'est bien sûr pas le cas non plus. Si c'était vrai, beaucoup de gens seraient prisonniers de cercles vicieux parce que dépourvus de l'estime d'eux-mêmes nécessaire pour réaliser des choses qui leur permettraient de s'aimer et, donc, de leur fournir de l'estime de soi.

Rassurez-vous, il n'est pas nécessaire de s'estimer soi-même pour jouir dans la vie d'autre chose que d'une bonne santé, de la chance et d'une sensation de bien-être. Quand une grande timide trouve la force d'entrer en contact avec des gens parce qu'elle est déterminée à empoigner sa vie et à subvenir à ses besoins, quand un type affreusement laid se fait des tas de relations parce qu'il aime être entouré, ou quand un ivrogne fait ce qu'il faut pour arrêter de boire et redevenir fréquentable, tous ces gens sont mus par ce qu'ils pensent être bon, et leurs efforts produisent de l'estime de soi, qu'ils s'aiment ou non — et, *in fine*, qu'ils réussissent ou non.

Le seul moyen de développer une estime de soi véritable est de faire ce que l'on croit important de faire, même si cela déclenche à court terme une sensation d'infériorité, d'insécurité ou de honte/gêne face à autrui. Il n'y a pas de honte à perdre son estime de soi au service de valeurs véritables et, à l'inverse, l'estime de soi qui résulte d'un simple sentiment agréable n'est pas une vertu.

C'est pourquoi les personnes qui n'ont vraiment pas eu de chance, par exemple les patients souffrant d'une grave maladie mentale comme ceux que mon métier m'amène à rencontrer au quotidien, doivent savoir qu'elles peuvent toujours accéder à une bonne estime de soi. Qu'elles soient chroniquement handicapées, entendent des voix, se fichent radicalement de leur apparence, ne soient pas en mesure de travailler, etc., si elles parviennent néanmoins à s'aider mutuellement ou à faire quelque chose d'utile *à n'importe quel niveau*, elles auront la possibilité de développer autant de confiance en elles que les gens qui ont plus de facilités. Et elles devraient même développer davantage d'estime de soi parce qu'elles doivent faire face à des difficultés plus importantes et qu'en conséquence, leurs succès sont d'autant plus méritoires.

CHAPITRE 1

Quand on se sent nul par rapport aux autres

LE PARADOXE AVEC CE BESOIN DE SE SENTIR mieux vis-à-vis de soi-même, c'est qu'il naît souvent du sentiment d'être *moins bien* que quelqu'un d'autre. C'est-à-dire qu'on peut se sentir au top en considérant ce qu'on a accompli, mais qu'il suffit souvent que quelqu'un (n'importe qui !) fasse mieux pour que, patatras, tout s'écroule !

La raison de ce phénomène, c'est qu'à l'instar d'autres mammifères vivant en horde, nous comparons en permanence notre statut avec celui de nos semblables, en utilisant pour cela un système d'évaluation automatique fondé sur des attributs sur lesquels nous n'avons qu'un contrôle limité : attrait physique, force, bonheur, intelligence, etc. En d'autres termes, nous sommes programmés pour nous évaluer sur la base de comparaisons et de caractéristiques sur lesquelles nous n'avons que très peu d'influence.

Vous pouvez avoir par ailleurs beaucoup de qualités — prudence, loyauté, patience, etc. — que vous contrôlez, *elles*, et qui constituent des indicateurs moins superficiels de caractère et de valeur intrinsèque, votre système d'évaluation automatique compte malheureusement toutes ces qualités pour du beurre.

Mais même en faisant abstraction de ce système d'évaluation, beaucoup de gens ne parviennent pas à être fiers des qualités qu'ils *savent pourtant* posséder — intelligence, beauté, force, etc. —, soit parce qu'ils mettent la barre (beaucoup) trop haut, soit parce que l'étang dans lequel ils vivent contient trop de poissons plus intelligents/beaux/forts, etc. qu'eux...

Dans ce cas, on peut se demander comment il est possible de se sentir mieux avec soi-même lorsque ce que l'on n'aime pas chez soi n'est peut-être vraiment pas très reluisant et, en plus, a peu de chances de s'améliorer un jour.

Certaines personnes vous diront qu'il faut vous aimer inconditionnellement, soit directement (en mode « je m'aime »), soit en imaginant que vous êtes aimé(e) par une entité divine ou par les autres adorateurs d'entités divines de votre entourage. Malheureusement, si le fait d'accroître ainsi votre amour de vous-même peut vous permettre de vous sentir mieux et d'être plus confiant(e) en vous, cela risque, selon l'option choisie, soit de vous faire vous comporter comme un(e) débile (« je m'aaaaiiiiiiiiiime »), soit de vous rendre dépendant(e) de votre communauté et de son grand manitou. Autrement dit, cela peut conduire à des comportements déviants — autodafés du Coran, suicides collectifs et j'en passe —, qui ne semblent pas déviants aux personnes concernées parce qu'elles se sont déconnectées de leur système de valeurs et de leur bon sens.

D'autres personnes affirmeront que l'on peut se sentir mieux en trouvant une ou plusieurs activités que l'on aime, pour lesquelles on est particulièrement doué, et en s'y consacrant — ce qui serait un bon conseil si c'était à la portée de tous. Or, la triste vérité est qu'il existe des gens qui ne sont doués pour rien et qui ne s'intéressent à rien, et que la vie ne permet pas à chacun de développer ses talents. Quels qu'ils soient. Nous ne prétendons pas qu'il n'est pas intéressant d'essayer de tirer parti de ses dons et de chercher à s'accomplir, mais il est dangereux d'attendre de *chaque individu* qu'il y parvienne, et de le rendre ainsi responsable de résoudre lui-même ses problèmes alors qu'il n'en est peut-être pas capable.

Il vaut mieux accepter le fait qu'il est parfois difficile, voire impossible, de s'accepter et de s'estimer tel qu'on est. Et tant que vous faites de votre mieux pour être indépendant(e), honnête et vous comporter selon vos valeurs, cela vous donnera de meilleures raisons de vous respecter et de vous sentir en accord avec vous-même que si vous étiez super intelligent(e), super riche et/ou super sexy.

TEST

Voici quelques signes qui devraient vous faire comprendre que vous avez mieux à faire qu'essayer de vous sentir mieux ■ ■ ■

■ ■ ■ bien que vous soyez assidu(e) dans votre recherche de poste, vous n'avez toujours pas obtenu de rendez-vous et ne pouvez toujours pas vous permettre de manger autre chose que des légumes en conserves;

■ ■ ■ vous n'avez pas les moyens de vous payer un chirurgien esthétique et de toute façon, les spécialistes disent que dans votre cas, il n'y a rien à faire;

■ ■ ■ votre médecin parle de fibromyalgie et vous renvoie vers un spécialiste de la douleur.

LA LISTE DE VOS ENVIES

Parmi les souhaits les plus fréquemment exprimés par les personnes qui ne parviennent ni à s'aimer ni à se respecter, citons :

- changer ce qu'elles n'aiment pas chez elles;
- trouver une thérapie qui leur permette de s'aimer;

- trouver un moyen de récupérer leur confiance en soi ;
- se libérer de leur haine d'elles-mêmes.

Trois exemples parmi tant d'autres :

« *Je ne me suis jamais aimée et, à dire vrai, je n'ai jamais été non plus très digne d'être aimée. Je sais qu'en disant ça, j'ai l'air de me rabaisser, mais bon : je ne suis pas particulièrement belle, j'ai toujours eu des résultats moyens à l'école et je suis tellement empotée que personne ne voulait jamais de moi dans les jeux d'équipe. Bien sûr, je déteste le sport. Aujourd'hui, je m'ennuie au boulot, je vis en colloc parce que je n'ai pas les moyens de vivre seule et il m'arrive, de temps en temps, de sortir avec un garçon. J'avais fini par me faire à cette vie, mais les années passant, comme rien ne change, je commence à m'inquiéter. Mon objectif est de trouver un moyen de passer dans le camp des gagnants alors que ni ma personne, ni ma vie ne sont intéressantes, ni sexy, ni même dignes qu'on en parle.* »

« *Je suis heureuse que mon mariage ait pris fin, mais je n'arrive pas à me faire à la vie de divorcée. Ça me manque de ne plus avoir de mari et de ne plus avoir la sécurité et le soutien financier que j'avais quand j'étais mariée. Mes enfants sont gentils, ils vont bien, mais c'est juste que je n'arrive pas à retrouver ma confiance en moi. Mon ex-mari ne me manque pas, mais j'ai l'impression d'être condamnée à faire du surplace tant que je ne serai pas devenue l'épouse de quelqu'un d'autre, ce qui ne va pas être facile parce que je ne suis plus toute jeune ni particulièrement attirante, et que la plupart des hommes de mon âge sont déjà en couple. Les seuls hommes qui veulent sortir avec moi sont des malades qui sont soit mariés, soit à la recherche d'aventures sexuelles avec des femmes mûres. Ce que je veux, c'est retrouver mon ancienne confiance en moi pour arrêter de faire fuir les gens et de me condamner à une vie médiocre.* »

« *Quand j'avais une vingtaine d'années, j'avais confiance en moi et la vie répondait à mes attentes : mon salaire augmentait de façon satisfaisante, j'obtenais des promotions, les filles me trouvaient à leur goût et je passais pour être un gagnant, un type à qui le succès souriait en permanence. Mais il y a quelques années, mon ancien chef a laissé sa place à un nouveau, qui ne m'aimait pas. Ma carrière a commencé à faire du surplace et comme il fallait bien que je paie les factures, j'ai été obligé d'accepter un poste sans aucune perspective d'avenir. Je sais bien que si j'étais réellement compétent, je parviendrais à remettre le turbo et à reprendre ma carrière en main, mais comme aujourd'hui c'est la crise, je n'y arrive pas. En à peine deux ans, je suis passé du statut de star au statut de sous-merde et c'est vraiment difficile à supporter. Je me suis fixé comme but de retrouver la niaque que j'avais autrefois.* »

REPRENEZ-VOUS

Difficile de se prendre pour un gagnant quand on est moins bien loti que les gens avec qui on se compare, ou quand on gagne moins d'argent qu'avant et qu'on ne voit aucune perspective d'amélioration dans un futur proche.

Quand on se place dans une telle logique, dès lors qu'on considère les autres comme des gagnants, on ne peut que se ranger soi-même dans la catégorie des losers.

Nous adhérons à ces critères d'estime de soi à la fois en tant que société et en tant qu'individus. Pourtant, nous savons bien que si on est pauvre, seul, ou si on perd tout ce qu'on avait, c'est souvent la faute à pas de chance et que ce genre de choses peut parfaitement arriver à des gens qui ne l'ont pas mérité... Attention, cercle vicieux! Si vous laissez la malchance vous donner la sensation que vous êtes un(e) perdant(e), cette mauvaise opinion de vous génèrera en retour son propre type de poisse. C'est pour ça qu'il est essentiel de ne pas vous sentir personnellement visé(e) si une série de coups durs s'abat sur vous, sinon ce sera la spirale infernale.

D'autant plus qu'en réalité, beaucoup de gens qui ont la sensation d'être dans une impasse ou sur une pente glissante se débrouillent plutôt bien au vu de la merde dans laquelle ils se trouvent, si on considère qu'ils continuent à travailler honnêtement, à s'occuper de leur famille, à être là pour leurs amis, et si leur piètre estime d'eux-mêmes ne les a pas plongés dans la dépendance, le nombrilisme ou l'amertume. Ne pas baisser les bras quand on se sent nul(le), seul(e) et ringardisé(e) par la concurrence exige une grande force intérieure et constitue une des plus grandes réussites de la vie.

Une des principales raisons pour lesquelles un être humain peut avoir une piètre estime de soi est de ne pas avoir trouvé l'âme sœur et d'avoir peu d'espoir de la trouver un jour. Pourtant, cela arrive à des tas de gens qui n'ont aucune tare sociale et ne souffrent en fin de compte de rien d'autre que d'un manque de confiance en eux.

C'est pourquoi il est important de tenir bon pendant une longue traversée du désert, de résister à l'envie de se recroqueviller dans un coin pour se lamenter sur son sort et de continuer à être connecté(e) au monde, aux gens et à soi-même, car une oasis peut toujours accueillir le voyageur au bout du voyage. Et il faut arrêter de chercher à tout prix à se sentir bien et à avoir confiance en soi, car c'est le genre d'objectif fallacieux qui, quand on n'arrive pas à l'atteindre, nous retombe sur la figure sous forme d'autoreproches — et ça, c'est vraiment trop injuste !

Assumez plutôt que vous êtes *de base* dans le caca et demandez-vous ce que quelqu'un de bien est supposé faire dans votre situation. Quelqu'un de bien n'est pas quelqu'un qui essaie d'être heureux à tout prix, parce que ce n'est pas possible. Quelqu'un de bien est quelqu'un qui essaie de faire les choses au mieux. Planifiez votre feuille de route de façon aussi concrète, réaliste et objective que possible, avec des chiffres et des échéanciers. Ensuite, surveillez vos progrès et évaluez-vous d'après ce que vous faites et non d'après la façon dont vous vous sentez. Il se peut que pendant tout un mois, ou plus, vous ne réussissiez pas à faire grand-chose d'autre que vous rendre à votre travail, vous occuper des enfants et passer quelques coups de fil. Mais si vous accomplissez tout ce que vous pouvez raisonnablement accomplir — malgré le manque d'argent, le deuil, l'isolation sociale, etc., le tout aggravé par les bouffées d'émotions décourageantes qui vous attendent à chaque instant au tournant, réconfortez-vous : vous êtes sur la voie du succès.

Il est difficile de ne pas se comparer aux autres, mais il est plus utile d'essayer de définir ses propres critères (en prenant en compte ce dont on est réellement capable) et de ne pas les perdre de vue. Ça ne vous donnera pas l'impression d'être un(e) gagnant(e), mais soyez sûr(e) que ça vous évitera de devenir un(e) perdant(e).

DIAGNOSTIC EXPRESS

Ce que vous voudriez (mais faut pas rêver !) :

- avoir un don (au moins un !) ;
- avoir encore un(e) ami(e) ou un(e) chéri(e) avant de mourir ;
- avoir ne serait-ce qu'*une* raison d'être confiant(e) et optimiste ;
- voir vos rêves se réaliser ;
- être capable de regarder dans le miroir ou dans le rétroviseur sans frissonner d'épouvante.

Ce que vous pouvez réellement faire :

- faire de votre mieux pour tenir le coup ;
- faire comme si vous vous aimiez ;
- vous occuper et vous distraire ;
- éviter d'aggraver vos problèmes ;
- changer vos sous-vêtements pour changer votre vie (haha).

Comment y parvenir :

- remplacez les « j'aurais dû » et « j'aurais (quand même) pu » par « je ne peux pas » et « c'est comme ça » ;
- listez les activités quotidiennes que vous considérez comme nécessaires à votre travail, votre santé, votre endurance et à une vie personnelle riche ;
- évaluez-vous quotidiennement comme si vous évaluiez un(e) ami(e) ;
- accordez-vous un bonus à chaque fois que vous vous traitez bien ou que vous faites quelque chose de bien dans des moments où vous avez la sensation d'être une grosse bouse et de ne pas mériter mieux que ce qui vous arrive ;
- offrez-vous un chien (un chat peut constituer un plan B acceptable, mais songez que le fait d'avoir une caisse à crottes dans votre intérieur n'est pas précisément bon pour l'ego).

Ce que je vous conseille de dire ou d'écrire ...

... à quelqu'un/vous-même quand vous vous sentez piégé(e), coincé(e) et très en dessous de la moyenne :

Cher/Chère [moi/animal bien-aimé/Grand Architecte de l'Univers],

Je sais que je manque de confiance en moi, ce qui vient de mon manque [de compétences/de liquidités/d'instruction/de beauté] et de mon incapacité à [être plus confiant(e) en moi après une séance chez mon psy/prendre des antidépresseurs/lire des livres de développement personnel]. N'empêche que ce manque de confiance en moi ne m'a jamais fait tomber [dans des activités illégales et/ou addictives], en tout cas jusqu'à présent, et je continue somme toute à me débrouiller plutôt bien. Je reste confiant(e) dans ma capacité à ignorer [ma confiance en moi/mon manque de confiance en moi] et attends tranquillement que la chance tourne.

SAVIEZ-VOUS ■■■

■■■ que l'on peut souffrir d'excès d'estime de soi ?

Si vous n'avez encore jamais entendu parler de l'excès d'estime de soi, vous êtes en bonne compagnie! Cette pathologie dévastatrice, mais encore méconnue il y a peu, afflige un grand nombre de personnes dont, jusqu'à présent, on pensait simplement qu'elles s'étaient levées du mauvais pied et qu'elles manquaient grave d'humour.

Et, encore récemment, on pensait que le manque d'estime de soi était la plus dangereuse des deux pathologies puisqu'elle empêchait les gens de développer la confiance nécessaire pour se faire des amis, convaincre, devenir un coach charismatique. Ou, au minimum, pour passer une nuit avec quelqu'un de temps en temps.

Or, il s'avère qu'en réalité, la plupart des gens qui manquent d'estime de soi apprennent au cours de leur vie à fonctionner correctement malgré leur persistante propension à se critiquer et à douter d'eux-mêmes, tandis que ceux qui en ont trop n'ont pas conscience de leur problème et ne cherchent donc pas à le résoudre. Cette confiance aveugle en tout ce qu'ils font — prises de décisions dévastatrices pour leur conjoint, choix vestimentaires incompréhensibles, etc. — n'est malheureusement perturbant que pour leur entourage. *Eux* avancent dans la vie avec nonchalance, quel que soit le nombre d'enfants (majoritairement illégitimes) qu'ils ont conçus mais ne sont pas en mesure de prendre en charge, quelle que soit l'originalité de leur pilosité faciale/couvre-chefs/chaussures, etc., imperturbablement persuadés qu'ils sont un don de Dieu et mériteraient qu'on crée pour eux une émission de télé-réalité sur-mesure.

Dire que pendant des décennies, les psys confrontés à un flot de clients traumatisés par leurs relations avec des personnes souffrant d'excès d'estime de soi ont cru à tort que le problème résidait dans le manque d'estime de soi de leurs patients ! Alors si individuellement, ces derniers finissaient par se sentir quand même un peu mieux grâce à la thérapie, ce qui aiderait vraiment l'humanité dans son ensemble serait que ceux qui souffrent d'excès d'estime de soi ramènent leur autosatisfaction à des niveaux plus réalistes. En attendant que ce trouble obtienne la reconnaissance qu'il mérite par le corps médical et/ou les adeptes de la pensée positive, il est urgent de prendre conscience de ce fléau tonitruant et de s'en protéger !

CHAPITRE 2

Quand on n'est pas charismatique

PARMI LES NOMBREUSES ÉMOTIONS QUE nous sommes censés ressentir pour nous-mêmes si nous voulons que les autres puissent nous emboîter le pas — amour, admiration, désir, etc. —, la confiance est l'une des plus trompeuses. L'idée que je peux convaincre les autres à faire ce que je veux à condition de croire suffisamment en moi est le message que nous délivrent de nombreux films dans lesquels, à la fin, l'improbable antihéros finit toujours par récolter les lauriers. Sauf que si ça marche pour Luke Skywalker, ça le fait beaucoup moins souvent pour monsieur et madame Tout-le-Monde.

Beaucoup de gens croient qu'ils n'ont qu'à s'entraîner, se former ou s'exercer suffisamment à l'autohypnose pour acquérir la capacité de convaincre n'importe qui, de vendre n'importe quoi, de trouver des clients/électeurs/partenaires d'une nuit, etc., et que tout ça dépend uniquement de la vigueur de leur confiance en soi. Mais que quelque chose interfère avec cette croyance et les voilà qui, au lieu de reprendre pied dans la réalité, font tout pour restaurer le charme (ou réparer les dégâts), ce qui peut vite tourner à la spirale égocentrée menant tout droit à l'enfer de l'autodénigrement.

En réalité, il faut savoir que le pouvoir de persuasion est influencé par des facteurs qui ne dépendent pas de nous, parmi lesquels l'anxiété, la dépression et d'autres pathologies, et qui peuvent le mettre à mal. Il ne suffit pas d'être à peu près persuasif un jour pour être persuasif toujours, et si vous croyez qu'il ne dépend que de vous d'entretenir ou de retrouver cette capacité, ça ne fera qu'empirer votre impression d'échec.

Sans compter que les personnes incapables de s'exprimer clairement ne sont pas rares. Nous adorons assister au cinéma à la transformation de personnages timides et vilains en êtres charismatiques, comme dans *Le discours d'un roi.* Mais le fait de payer un ticket d'entrée pour voir ce genre de film montre bien que la plupart d'entre nous ne sont que ce qu'ils sont — et qu'il faut faire avec.

Alors bien sûr, il est utile de travailler dur, de se former de manière adéquate et de faire ce que l'on peut pour développer — et consolider — sa confiance en soi. Mais si malgré tous vos efforts, vous n'êtes pas convaincant(e) ou êtes de moins en moins influent(e), ne vous minez pas en doutant trop de vous-même. Ne vous faites pas de reproches et gardez votre énergie pour avancer, car vous avez encore du pain sur la planche. Il n'est pas toujours facile, ni drôle, de persuader quelqu'un lorsque l'on n'est pas particulièrement éloquent — mais il n'est pas nécessaire d'être particulièrement éloquent pour convaincre. Faites plutôt appel à d'autres méthodes pour parvenir à vos fins, même si elles ne semblent pas particulièrement gratifiantes à première vue.

TEST

Voici quelques signes qui prouvent de façon non équivoque que la force de la persuasion n'est pas avec vous ■ ■ ■

■ ■ ■ quand vous essayez de vous habiller comme un(e) gagnant(e), on vous demande si vous allez à une soirée costumée ;

■ ■ ■ quand vous ouvrez la bouche, on vous regarde comme si vous parliez une langue étrangère ; et vos interlocuteurs vous répondent *comme si* vous parliez une langue étrangère ;

■ ■ ■ plus vous essayez d'avoir l'air sûr(e) de vous, plus on vous traite comme un chien.

LA LISTE DE VOS ENVIES

Parmi les souhaits les plus fréquemment exprimés par les personnes qui rêvent d'être charismatiques, citons :

- trouver la confiance nécessaire pour révéler l'orateur captivant qui sommeille en elles ;

- influencer la planète grâce à la puissance de leurs paroles et de leurs idées — ou, à défaut, obtenir un premier rendez-vous, convaincre les membres de leur famille ou leurs principaux clients;
- arrêter de trop réfléchir et de se tirer des balles dans le pied;
- retrouver le grigri porte-bonheur qu'elles ont égaré;
- faire comme si elles se trouvaient formidables pour amener les autres à en faire autant.

Trois exemples parmi tant d'autres :

« *Avant, je fascinais littéralement mes étudiants, mais depuis mon AVC, j'ai du mal à capter leur attention. Je parle clairement, ma mémoire est toujours bonne, mais les mots ont du mal à sortir et il m'arrive de devenir nerveuse et de rougir, ce qui n'était jamais le cas avant. Dans ces moments-là, je me mets à douter de moi, ce qui me déconcentre encore plus. Du coup, je me rends compte que mes élèves se mettent à gigoter et qu'ils s'ennuient, et là, je suis perdue. Mon objectif serait de redevenir l'enseignante passionnante que j'étais avant, mais si je n'y arrive pas, j'abandonnerai et je prendrai ma retraite.* »

« *Si je n'étais pas son fils (et son seul enfant), je suis sûr que je pourrais convaincre ma mère d'arrêter de boire. Mais comme j'ai toujours peur de la façon dont elle va réagir, je suis trop timoré avec elle et j'ai tendance à m'excuser au lieu de lui dire clairement pourquoi il faut qu'elle arrête. Ça me déprime de ne pas parvenir à me faire entendre, mais depuis que mon père est mort, elle n'écoute plus personne. Mon but est d'acquérir suffisamment de confiance en moi pour la convaincre de renoncer à l'alcool.* »

« *Chez le concessionnaire chez qui je travaille, il y a trois types qui s'y connaissent beaucoup moins que moi en voitures, mais qui vendent beaucoup mieux pour la simple raison qu'ils sont convaincus d'être des cracks. J'ai étudié les documents de vente en long et en large et je les connais par cœur, et mes ventes sont suffisantes pour me permettre de garder mon poste, mais je ne supporte pas que ces types soient meilleurs que moi juste parce qu'ils ont une grande gueule. Ce que je voudrais, c'est avoir le culot de raconter autant ou même plus de conneries qu'eux pour me sentir plus confiant, toucher des primes intéressantes et ne plus jamais avoir la sensation de me faire entuber.* »

NE CHANGEZ QUE CE QUE VOUS POUVEZ CHANGER

Ce n'est pas parce que, pour une raison pour une autre, vous manquez de force de persuasion que vous êtes obligé(e) de la développer et de vous exercer jusqu'à ce que vous soyez plus convaincant(e). Si vous essayez en permanence de devenir plus éloquent(e), vous allez finir par atteindre un seuil — appelons-le « seuil de désespoir » — à partir duquel vous obtiendrez exactement le contraire de ce que vous cherchez parce que vous allez vous répéter, développer un zèle énervant et finir par vous mettre tout le monde à dos.

C'est triste à dire, mais ce n'est pas toujours en forgeant qu'on devient forgeron : quand on a aligné les séances avec divers coaches, fait des tas d'exercices et bien analysé ses faiblesses, il arrive un moment où il faut savoir accepter qu'on a un problème et basta. Si vous considérez que le fait de ne pas avoir réussi à devenir plus persuasif(-ve) est un échec personnel, vous allez être de plus en plus frustré(e) et atteindrez de plus en plus vite votre seuil de désespoir à mesure que vous raterez vos négociations.

Si au contraire, vous acceptez votre problème comme étant un simple dysfonctionnement que vous avez essayé de régler, cela vous permettra de ne plus faire une affaire personnelle de votre échec. Soyez pragmatique : vous avez fait votre possible et avez atteint vos limites, il est donc temps de chercher des solutions alternatives.

N'oubliez pas que le pouvoir de persuasion est une capacité à double tranchant. Il peut vous permettre de gagner des clients, des voix ou des négociations commerciales, mais il peut aussi vous donner le pouvoir d'exploiter les autres ou de faire appel à des émotions négatives pour obtenir leur soutien, risquant de vous transformer en *Loup de Wall Street* au petit pied et, à long terme, de nuire à votre réputation (et puis, vous avez pensé un peu au salut de votre âme ?). Il se peut que vous arriviez à obtenir de certaines personnes des choses qu'elles n'accorderaient à personne d'autre, mais sachez que c'est un marché et que ça ne durera que tant qu'elles seront sûres de votre attention.

Quoi qu'il en soit, il existe d'autres façons d'atteindre votre but même si vous n'êtes pas quelqu'un de très convaincant, par exemple peser le pour et le contre d'une décision comme si vous étiez la personne que vous souhaitez convaincre. Au lieu de faire appel à ses émotions, imaginez-vous que vous êtes un consultant chargé d'évaluer les avantages et les inconvénients d'une décision en prenant en compte les conséquences qu'elle comporte, ainsi que les valeurs de votre client.

Que vous ayez l'intention de vendre une voiture ou de persuader quelqu'un de devenir abstinent, fondez-vous ouvertement et spontanément sur vos connaissances réelles au lieu d'essayer d'en mettre plein la vue de votre interlocuteur. Assurez-vous de connaître suffisamment bien les avantages et les inconvénients de la décision à prendre pour que la personne qui est en face de vous sente que votre discours est nourri de votre expertise, et si vous n'arrivez quand même pas à lui vendre ce que vous vouliez lui vendre, vous ne ressentirez pas le besoin de lui forcer la main ni de vous reprocher votre manque de conviction, puisque vous savez que vous aurez fait de votre mieux.

Ne vous désespérez donc pas si vous n'êtes pas très persuasif(-ve). Peut-être n'aurez-vous jamais le plaisir inégalable d'être un(e) commercial(e) ou un orateur/une oratrice hors pair, ni la sensation de puissance que cela procure, mais si votre but principal est de faire correctement ce que vous avez à faire, il existe d'autres possibilités d'y parvenir est d'être content(e) de votre succès au lieu de vous désespérer de quelque chose que vous ne pouvez pas changer.

DIAGNOSTIC EXPRESS

Ce que vous voudriez (mais faut pas rêver !) :

- que les gens (tous ! pas seulement votre maman) vous écoutent attentivement et avec délices ;
- que les gens fassent ce que vous voulez — dans votre intérêt financier, sexuel ou tout simplement par égoïsme ;
- convaincre grâce à un charisme naturel que vous ne possédez pas.

Ce que vous pouvez réellement faire :

- présenter à votre interlocuteur une liste honnête des avantages et des inconvénients d'une décision ;
- persuader les gens que votre but est de soutenir leur choix plutôt que d'imposer votre propre opinion ;
- savoir bien écouter l'autre ;
- savoir garder vos émotions pour vous ;
- être fier/fière de satisfaire à vos propres critères plutôt que d'essayer de changer ceux des autres.

Comment y parvenir :

- développez des procédés pour évaluer les risques et les avantages de n'importe quelle décision, qu'il s'agisse d'un achat, d'une relation amoureuse ou d'une soirée d'anniversaire;
- préparez-vous sérieusement et rassemblez des informations sur les décisions que vous souhaitez influencer;
- présentez-vous comme quelqu'un dont le but premier est de trouver une bonne solution, et non de faire ami-ami ou d'avoir le dessus;
- apprenez à présenter des informations précisément et brièvement, même si votre présentation est plus ennuyeuse que rigolote;
- jugez-vous selon que vous avez bien ou mal appliqué votre méthode de travail, et non selon que quelqu'un a fait ou non ce que vous vouliez qu'il ou elle fasse.

Ce que je vous conseille de dire ou d'écrire ■ ■ ■

■ ■ ■ à un membre de votre famille, à un client ou à un patient sceptique à qui vous essayez en vain de faire adopter votre point de vue :

Cher/Chère [moi/client(e) circonspect(e)/parent têtu],

Quel que soit ma propre opinion, j'aimerais t'aider à [prendre une décision/dépenser beaucoup de sous/ passer un examen/sortir de chez toi le dimanche après la messe] en te présentant un aperçu [des avantages et des inconvénients/des faits avérés et des idées reçues/ de cette affaire dont je connais tous les détails par cœur]. Si d'aventure cette situation déclenchait en toi une fortc [insérez ici le nom d'une émotion], j'espère que tu la pèseras objectivement en tenant compte de sa probabilité, et la verseras à ta réflexion globale.

ÉVITEZ LES PIÈGES

Sur quoi fonder ou ne pas fonder votre estime de soi

Bon	Pas bon
Rester à un poste dont vous avez besoin même si votre chef aurait bien besoin d'un coup de pied au c** que vous n'êtes pas en mesure de lui donner	Démissionner et dire à votre patron d'aller se faire f*** parce que personne ne vous dit quand vous pouviez ou ne pouviez pas prendre un jour de congé pour voir le nouvel épisode du film *Fast and Furious*
Vous mordre la langue alors que vous préféreriez mettre une grande paire de claques à quelqu'un	Avoir le dernier mot dans le conflit qui vous a opposé à cette femme enceinte qui voulait vous prendre votre siège dans le métro
Finir en queue de peloton, mais savoir que vous avez tout donné	Être la femme la plus mince de votre cours de cycling, surtout après avoir trouvé un vélo à côté de la plus grosse

Bon	**Pas bon**
Continuer à prendre votre travail au sérieux même quand vous vous sentez complètement nul(le)	Passer le weekend à boire pour « vous changer les idées » sans vous faire virer ni même vous prendre un sermon
Travailler sans compter et accomplir en une journée ce qui ne vous prenait qu'une heure autrefois	Avoir un iPhone doré. C'est tellement classieux !

CHAPITRE 3

Quand quelqu'un vous rabaisse et vous déstabilise

Une autre des raisons majeures pour lesquelles beaucoup de gens mettent la confiance en soi tout en haut de la liste des qualités qu'ils n'ont pas mais aimeraient avoir est leur besoin de se protéger contre les intimidations et les humiliations, que celles-ci viennent de leur chef, d'un membre de leur famille, de leur conjoint ou autre. Une fois sorti de la jeunesse, où on peut être confronté à un harcèlement physique ou psychique dans la cour de récré, le bus scolaire ou à la sortie de l'école, c'est à des coups et à des croche-pieds presque exclusivement de nature psychologique que l'on a affaire.

En tout cas, et quel que soit votre âge, si quelqu'un vous a intimidé(e) ou rudoyé(e), vous allez par la suite revenir en pensées sur ce qui s'est passé et ressasser obsessionnellement ce que vous auriez dû dire ou faire. Mais sauf si vous disposez d'une machine à remonter le temps, ce genre de rumination mentale ne servira qu'à accroître votre désarroi et votre impression de ne pas être armé(e) contre ce type de situations.

Comme n'importe quel animal attaqué, vous réagissez peut-être instinctivement, en parlant ou en agissant avant d'avoir réfléchi — par exemple en faisant tout pour ne pas montrer que vous avez peur, craignant de devenir sinon la cible d'agressions futures, ou en vous défendant avec virulence alors qu'on vous critique pour quelque chose que vous n'avez pas fait. Dans tous les cas, le harcèlement déclenche chez la victime le souhait d'être baraquée, éloquente... et sûre d'elle ! (Et, accessoirement, membre d'un club d'arts martiaux.)

Or, c'est un fait que la plupart des gens ont du mal à s'exprimer lorsqu'ils sont angoissés, et que rares sont ceux qui savent résister à quelqu'un de plus puissant sans s'attirer d'ennuis. Ce qui n'empêche pas la majorité d'entre nous de penser que nous saurions nous défendre *si nous avions plus confiance en nous*, comme ces héros de cinéma qui remettent tranquillement le méchant à sa place, avec un grand sourire condescendant et en ignorant superbement l'arme pointée sur eux.

En réalité, ce n'est pas une bonne idée de se dresser contre les intimidations et de se planter jambes écartées devant les harceleurs de tout poil. Ce serait merveilleux si nous pouvions le faire (et c'est pour cette raison que nous adorons voir ce genre de scène dans les films), mais la riposte comporte les mêmes risques que les engueulades entre automobilistes : elle nous fait illico perdre de vue la raison pour laquelle on s'est énervé(e) à l'origine et en plus, on risque d'y prendre un mauvais coup, de finir par avoir honte de s'être emporté(e) et même, parfois, de récolter une amende pour des dégâts qu'on a causés sans le vouloir. Rappelez-vous que vous avez d'autres priorités dans la vie, et que vous battre contre des gens que vous n'aimez pas et que vous n'avez aucune chance de changer sert rarement à quelque chose (même quand ces personnes sont plus petites et moins costauds que vous).

La vérité, c'est que la défense ne préserve aucunement contre l'humiliation et l'intimidation, mais qu'elle met au contraire souvent de l'huile sur le feu. Alors, avant de jouer les cow-boys, demandez-vous si le jeu en vaut la chandelle et si la contre-attaque promet vraiment de régler les choses à votre avantage (en n'oubliant pas de considérer les risques réels). À l'inverse, imaginez ce qui peut se produire au pire si vous ne dites rien et prenez le temps de réfléchir à tête reposée. Bien sûr que personne n'aime être harcelé ni humilié, mais une fois qu'on a dit adieu à la cour de récré, les conséquences qu'implique le fait de se défendre contre un agresseur sont beaucoup plus graves qu'une simple retenue ou qu'un œil au beurre noir, et peuvent vous mener à la case prison.

C'est pourquoi il vaut mieux cultiver votre détermination que vos muscles, et vous protéger des harceleurs en gardant à l'esprit ce qui compte vraiment pour vous — et vous faire humilier n'en fait pas partie.

TEST

Quelques signes qui indiquent plus que clairement que vous feriez mieux de ne pas vous défendre

- vous n'êtes pas ceinture noire... ou au contraire, vous *êtes* ceinture noire ;
- il est plus riche, plus musclé, mieux connecté que vous et il a de meilleurs avocats ;
- vous avez mieux à faire, genre passer une journée agréable et ne pas gâcher votre vie ;
- vous savez pertinemment qu'une confrontation ne changera rien à long terme, à l'exception peut-être de votre statut professionnel et de la forme de votre nez ;
- vous utilisez volontiers des expressions comme « montrer qui est le chef ici », « intolérable », « n'accepterai pas que » « propos scandaleux », etc. alors que vous n'êtes pas précisément un Hells Angel.

LA LISTE DE VOS ENVIES

Parmi les souhaits les plus fréquemment exprimés par les personnes qui veulent éviter ou faire cesser des humiliations, citons :

- savoir remettre autrui à sa place avec autant d'humour et de panache que le général de Gaulle ou George Clooney ;
- maîtriser aussi bien l'autodéfense verbale que leur agresseur maîtrise l'humiliation verbale ;
- savoir gérer la peur et le réflexe de justification qui les paralysent complètement ;
- à leur tour, humilier quelqu'un.

Trois exemples parmi tant d'autres :

« *Avant, le voisinage était sympa, mais il y a quelques années, un type complètement cinglé a emménagé à côté de chez nous. Il a commencé par accrocher un panneau « défense d'entrée » sur la barrière qui sépare nos deux terrains. Ensuite, il m'a accusé de jeter des feuilles dans son jardin et s'est mis à surveiller en permanence mes enfants qui font pourtant toujours bien attention de ne pas le gêner. Quand les enfants jouaient dans le jardin avec ma femme, il pointait une caméra vidéo sur eux. Au début, j'essayais juste de le calmer, mais récemment, je lui ai dit que ça commençait à bien faire et depuis, il se comporte de façon encore plus bizarre. Les policiers nous ont dit qu'ils ne pouvaient rien faire tant qu'il ne nous menaçait pas physiquement. Mon objectif est d'arriver à le calmer pour que nous ne passions pas notre temps à angoisser à cause de lui.* »

« *Mon chef se comporte souvent de façon désagréable et humiliante, tout en s'imaginant être «professionnel». Il lui arrive de me faire sortir d'une réunion sous prétexte que quelque chose n'a pas été fait, alors qu'il ne m'a pas dit de le faire ou ne m'a pas donné suffisamment de temps. Quand je me défends, il fait comme si je cherchais des excuses ou change tout simplement de sujet. Quand j'ai essayé d'évoquer son style de management avec sa hiérarchie, on s'est contenté de me répondre qu'il était comme ça et qu'il ne fallait pas que je me braque. Je me sens coincée et intimidée. Je me suis fixé pour objectif de faire cesser ces comportements malveillants.* »

« *Mon mari est un donneur de leçons. Quand il a un peu bu, il devient arrogant — et quand il est sobre, il nie tout en bloc. Il s'occupe bien de notre famille et je ne veux pas demander le divorce, mais quand il se met à boire, nous marchons tous sur des œufs. Ce que je souhaite, c'est trouver un moyen de m'affirmer face à lui pour ne plus me sentir comme une souris devant un chat.* »

RENDEZ-VOUS À L'ÉVIDENCE

Si nous vivions dans un monde juste, les protestations courageuses ne manqueraient pas de remettre les petits tyrans à leur place et/ou de les amener à réfléchir à leurs mauvais comportements et à s'amender. Mais dans la vraie vie, protester ne sert souvent qu'à renforcer la position de votre adversaire.

Votre objectif n'est donc pas de vous élever contre les problèmes, mais de déterminer, si possible, ce que vous pouvez dire ou faire pour éviter de les aggraver. Que vous ayez affaire à un agresseur vraiment piqué ou juste très chatouilleux, la moindre critique est beaucoup plus susceptible de déclencher une attaque irrationnelle que de favoriser un dialogue raisonnable.

Si l'agresseur est fou, vous n'avez peut-être pas d'autre choix que d'accepter d'être en butte à ses sautes d'humeur, intimidations, humiliations, etc. Ceci dit, une fois vos larmes essuyées, il vous reste d'autres options à considérer. Cherchez un autre lieu de résidence, un autre emploi, etc. Si vous investissez trop d'énergie dans une lutte contre des moulins, vous finirez par être trop lessivé(e) pour pouvoir partir, alors quand vous comprenez qu'une bataille est perdue d'avance, souriez poliment en préparant votre fuite. Et ignorez ceux qui trouvent que vous vous laissez marcher dessus : vous savez quelles sont vos raisons et vos priorités.

Bien sûr, il vous arrivera de vous rendre compte que vous avez plus de pouvoir que vous ne le pensiez et que celui du tyran ne repose sur rien d'autre que ses airs de pousse-toi-de-là-que-je-m'y-mette... et sur vos peurs. Mais la plupart du temps, vous ne pourrez pas vous en sortir en vous contentant de dire victorieusement au harceleur d'aller se faire voir, car il appartient sans doute à votre entourage immédiat, et il va vous falloir en conséquence manier avec doigté votre pouvoir nouvellement détecté.

Je sais, ce n'est pas juste, mais si vous avez l'âge de posséder des livres dont le titre contient le mot « F*ck », vous devez savoir que la justice n'est pas de ce monde. D'ailleurs, un tyran *vraiment* perché ne sait même pas pourquoi il vous en veut (puisqu'on vous dit qu'il est fou !). *Vous*, vous pourrez toujours partir loin de lui, mais lui, il est à jamais prisonnier de sa perchitude. Ça console, non ?

En dehors de la fuite, il existe une autre option pour vous protéger d'un persécuteur — surtout si celui-ci est de type «rationnel» : passer outre vos émotions négatives et être fier/fière de votre capacité à vous sortir de situations ardues. Que vous vous fassiez incendier par votre chef alors que vous ne pouvez pas vous permettre de démissionner ou par votre conjoint dans des conditions comparables, arrêtez de lui dire ce que vous ressentez et passez à la phase «négociation», en commençant par aborder ce dont vous êtes censé(e) vous acquitter si piteusement.

Parlez fièrement de vos réussites. Parlez aussi positivement de celles de votre agresseur, s'il/elle a de temps à autre un sursaut de lucidité. Exprimez du regret au vu de vos désaccords, conflits ou déceptions, et l'espoir que ceux-ci s'améliorent — mais sans vous excuser ni vous accuser. Ayez l'air confiant et restez sur votre quant-à-soi, quelles que soient les émotions que vous ressentez. Tracez une limite qui fasse comprendre au persécuteur que vous estimez son opinion, mais que vous continuerez à vous évaluer à l'aune de *vos propres critères* — que vous jugez 100 % atteints dans le cas présent. Tant que vous n'avez pas laissé la peur et la rage vous pousser à des comportements regrettables, vous pouvez vous permettre d'avoir votre propre opinion sans devoir vous défendre, tenter de persuader qui que ce soit, ni poursuivre des conversations qui ne mènent nulle part.

Que vos protestations soient entendues ou non, le principal est que *vous* sachiez pourquoi vous faites ce que vous faites.

DIAGNOSTIC EXPRESS

Ce que vous voudriez (mais faut pas rêver !) :

- vous défendre victorieusement contre une agression injuste ;
- que tout cela se termine de façon juste (ne m'en veuillez pas de cet usage répété de juste/injuste, je ne fais que citer) ;
- ne plus jamais être la cible de critiques imméritées ;
- avoir le contrôle de votre réputation ;
- qu'on vous res-pec-te !

Ce que vous pouvez réellement faire :

- garder la tête froide même sous un feu nourri ;
- apprendre à ne mener que les combats qui vous importent vraiment ;
- vous respecter même quand vous êtes le/la seul(e) à le faire ;
- lorsque vous êtes obligé(e) de supporter une situation, choisir l'option la moins humiliante ;

- être fier/fière de savoir garder le sourire même quand on vous traîne dans la boue.

Comment y parvenir :

- fermez-la tant que vous n'avez rien d'utile à dire ; ne vous mettez pas à crier juste parce que vous êtes en colère ; ne disjonctez pas juste parce que vous êtes fatigué(e) ;
- évaluez vos chances réelles de gagner ;
- évaluez vos qualités et vos défauts avec réalisme et gardez votre évaluation à l'esprit ;
- déterminez les côtés positifs de votre personnalité, de celle de votre persécuteur(-trice), ainsi que de votre relation ;
- exprimez du regret au vu de vos désaccords et de vos conflits sans vous excuser ni vous accuser ;
- agissez quand vous pensez que ça en vaut la peine, pas quand vos émotions vous y poussent ;
- prenez votre mal en patience tant que vous ne pouvez pas changer de crèmerie.

Ce que je vous conseille de dire ou d'écrire ■ ■ ■

■ ■ ■ à un persécuteur/vous-même si vous vous sentez accusé(e) à tort, brocardé(e) ou insulté(e).

Cher/Chère [moi/parent/chef/agresseur],

J'apprécie notre relation [insérez ici un adjectif positif faisant référence à la bienveillance et à la non-violence] et regrette sincèrement que tu [sois malheureux/en colère/mécontent/menaces de saisir la justice]. Je crois dans les valeurs que sont [le labeur/le bon voisinage/le brossage des dents après chaque repas] et j'ai examiné mon comportement pour voir si, comme tu l'as suggéré, il avait besoin [insérez ici un terme plus ou moins vigoureux signifiant « d'être amélioré »]. Je ne suis pas d'accord avec toi, mais je pense que notre [relation/collaboration] peut encore nous apporter beaucoup à tous les deux et j'espère que les choses s'amélioreront à l'avenir.

SAVIEZ-VOUS ▪▪▪

▪▪▪ que Prince était un modèle d'estime de soi ?

Pas besoin d'aimer la musique de Prince (même si je trouve que vous devriez), ni d'être d'accord avec ses opinions politiques ou religieuses (glissons là-dessus), ni même d'être prêt(e) à citer ses chansons dans vos mémoires (googlisez par exemple le texte méga-pertinent de *Let's Go Crazy*, nous ne pouvons pas nous permettre de le citer ici) pour apprécier l'homme qui est né en 1958 sous le nom de Prince Rogers Nelson.

C'est que Prince était beaucoup plus qu'un Lilliputien multitalentueux : c'était une véritable icône pour tous ceux qui se sentent différents, nuls, pour les outsiders et les ratés de ce monde. Car mis à part son extraordinaire talent, le plus inspirant chez Prince n'est pas le succès musical qui a été le sien, mais sa *détermination* à faire de la musique et à s'adonner à d'autres formes d'expression créative (là aussi, renseignez-vous : c'est im-pres-sion-nant) pour la simple raison qu'il était sûr que c'était sa mission artistique. Et au mépris de moqueries aussi faciles qu'innombrables.

Bien qu'étant métis (ce qui n'est pas le meilleur départ dans la vie quand on naît aux USA) et ayant une taille que je qualifie prudemment de « suboptimale » (1,57 m), Prince croyait si fort en lui-même et en son talent qu'il a commencé dès l'adolescence à écrire et à chanter ses propres chansons, et n'a pas hésité à mettre sur la pochette de son premier disque un portrait de lui torse nu !

Prince avait la *volonté* de faire les choses à sa façon, et ce, quelle que soit la (non-)réaction du public. Or, face à ce très petit être « ni-femme-ni-homme » se produisant volontiers torse nu ou costumé avec la plus grande extravagance, dont la tignasse était presque incoiffable à force d'être bouclée, cette réaction aurait pu être très, très cruelle...

Moralité : si vous doutez grave de vous-même, si vous vous dites qu'en étant plus beau/belle, plus grand(e), moins dépendant(e) de votre collection de chaussures à plateau, etc. vous pourriez enfin croire en vous-même et, peut-être, faire quelque chose de votre vie, inspirez-vous de Prince et dites-vous que vous aussi, vous pouvez être totalement hors-normes et rester fidèle à votre vision et à votre but dans la vie sans devoir pour autant renoncer à être accepté(e) tel(le) que vous êtes.

CHAPITRE 4

Maladie, handicap : quand on n'est pas « comme tout le monde »

Étant donné la façon dont on a tendance à assimiler les mauvaises performances et les handicaps de tous types à une faible estime de soi, il n'est pas surprenant que les personnes atteintes de handicaps physiques ou psychiques aient pour objectif d'accroître leur confiance en elles en réduisant ou en camouflant lesdits handicaps, et en cherchant à être (de nouveau) normales aussi vite que possible. Dans certains cas, ces personnes se forcent à relever des défis — positifs, comme courir un marathon, ou moins positifs, comme arrêter de suivre un traitement dont elles pensent qu'elles n'ont plus besoin — afin de prouver qu'elles ont la force de surmonter seules tous les obstacles et de (re-)prendre confiance en elles.

Mais le problème quand on veut contrôler un handicap à tout prix, c'est que les handicaps s'accompagnent généralement d'une vulnérabilité accrue aux tuiles en tous genres, rendant le contrôle encore plus improbable qu'il ne l'est déjà en règle générale. Par conséquent, si votre confiance en vous dépend de votre rétablissement, vous allez perdre votre énergie à vous inquiéter et à vous sentir personnellement responsable de vos faux-pas, de vos retours en arrière et de vos rechutes, que même la personne la plus performante ne serait pas en mesure d'empêcher.

Vous mettrez peut-être fin à un traitement pourtant utile, ou camouflerez certains symptômes dans votre environnement privé ou professionnel pour sauver les apparences. C'est votre état de santé qui vous dictera votre estime de vous, c'est-à-dire que vous vous *identifierez avec votre maladie* au lieu de vous sentir comme quelqu'un qui, par hasard, est atteint d'un handicap. Au lieu d'être quelqu'un qui vit avec un problème, vous serez quelqu'un dont le problème *est la vie*.

Acceptez plutôt que votre handicap est susceptible d'aller et de venir et que vous ne parviendrez jamais à le maîtriser complètement. Informez-vous sur votre problème, devenez incollable en la matière et suivez un traitement lorsque vous pensez que c'est utile, quel que soit votre désir d'être normal(e). Luttez contre la honte qui accompagne le fait d'être malade/ d'avoir un problème, en ne communiquant aux autres que ce qui peut vous aider tout en respectant votre intimité — et pas ce que voudrait vous imposer la société/le milieu dans laquelle vous vivez.

Étant donné qu'on ne se débarrasse pas d'un handicap, apprenez à gérer le vôtre de façon à ce qu'il affecte votre existence aussi peu que possible.

Ne vous enorgueillissez pas d'avoir l'air normal(e), mais d'être en mesure de vous arranger avec votre différence, de supporter le poids de votre maladie et de profiter quand même au maximum de la vie. Vivre avec un handicap est une course de grand fond, pas un sprint, alors soyez fier/fière de chaque petit succès du quotidien.

TEST

Voici quelques signes non équivoques qui indiquent que votre handicap a pris le dessus ■ ■ ■

■ ■ ■ personne n'en a jamais entendu parler et vous ferez tout pour maintenir ce statu quo ;

■ ■ ■ vous êtes angoissé(e) par ce qui pourrait se passer si votre état s'aggravait sans prévenir ;

■ ■ ■ vous ne pensez pas pouvoir vous sentir bien si vous ne donnez pas l'impression d'être absolument normal(e) ;

■ ■ ■ vous n'imaginez pas parler de votre problème à qui que ce soit sauf si vous êtes sûr/sûre à 100 % que cette personne vous soutiendra.

LA LISTE DE VOS ENVIES

Parmi les souhaits les plus fréquemment exprimés par les personnes qui se sentent stigmatisés par un handicap, citons :

- contrôler leur problème et avoir l'air d'être normales ;
- ne pas dépendre de médicaments et ne plus jamais retourner à l'hôpital/hôpital psy ;
- rester performantes dans tous les domaines de leur vie ;
- trouver un traitement qui exaucerait tous leurs souhaits ci-dessus.

Trois exemples parmi tant d'autres :

« *Au travail, je ne veux dire à personne que les médecins pensent que je suis bipolaire, sinon ils risquent d'avoir peur de moi. Je n'ai plus de symptômes depuis longtemps et je ne suis pas sûre d'avoir encore vraiment besoin de prendre du lithium. En plus, je sais que les gens penseraient que je suis dingue s'ils savaient que j'en ai pris. Je ne suis pas sûre de savoir exactement ce que signifie « bipolaire », mais en tout cas, c'est un diagnostic qui effraie les gens. Mon objectif est de ne pas parler de cette maladie, d'arrêter peu à peu les médicaments et de voir si j'arrive à vivre normalement.* »

« *Je suis toujours gêné quand on sort après le boulot et qu'il est évident d'emblée que c'est moi qui conduis parce que je ne bois jamais. Tout le monde sait que je suis abstinent parce que je pense que j'ai un problème avec l'alcool et parfois, mes collègues font des blagues lourdes à ce sujet. Ça fait trois ans que je suis abstinent, je n'ai pas envie de boire, mais je sais que je me sentirais beaucoup plus confiant si je buvais un verre de temps en temps. Je me suis fixé pour but de retrouver ma confiance en moi et d'essayer d'être une personne normale, pas un alcoolique.* »

« *Comme je suis plutôt pas mal et que je sais me mettre en valeur, il y a beaucoup de garçons qui voudraient sortir avec moi, mais j'ai peur des hommes et de la sexualité. En fait, mon oncle a abusé de moi, mais j'ai honte d'en parler parce qu'à chaque fois, ça me fait pleurer et que du coup, j'ai l'impression d'être à moitié folle. Ce que je voudrais, c'est passer à autre chose pour pouvoir sortir et coucher avec des garçons et avoir une vie de femme normale.* »

APPRENEZ À FAIRE AVEC

Parmi les nombreux préceptes que nous aimerions emprunter à certains groupes d'entraide, le plus adapté serait ici quelque chose comme « on est aussi malade que ses secrets », ou « on est aussi handicapé que ses problèmes cachés ».

Il est humain de vouloir garder secrets ses handicaps pour ne pas perdre sa confiance en soi, faire comme si on était toujours aussi performant(e), ainsi que pour empêcher les autres de connaître ses faiblesses — et d'en profiter. Mais si jouer à « On dirait que... » est rigolo quand on est enfant, c'est généralement peu constructif dans la vie quotidienne d'un adulte.

Sachant que le fait de camoufler ou d'ignorer un handicap ne sert généralement qu'à l'aggraver, votre mission est d'accepter ce handicap, quelles que soient la gêne ou la déception qu'il vous occasionne. Comprenez que c'est le seul moyen d'acquérir jour après jour une vision réaliste de l'impact qu'il a réellement sur votre vie, et de passer maître dans l'art de le gérer. Commencez par apprendre à reconnaître quand vous avez besoin de repos, de calme, et quand vous êtes en mesure de tolérer les effets secondaires d'un traitement. Puis informez votre hiérarchie et vos proches pour qu'ils puissent vous aider en cas de besoin et se montrent compréhensifs pendant les phases où vous n'êtes pas particulièrement performant(e).

Alors bien sûr, il y aura toujours des gens qui n'accepteront pas votre handicap — surtout si vous ne l'acceptez pas vous-même — et qui vous tiendront responsable de vos résultats médiocres, vous reprocheront d'être paresseux(-se), d'exagérer et d'avoir des *problèmes* psy (et non pas une *maladie* psy). Mais même quand l'opinion de ces personnes compte beaucoup pour vous, ne perdez pas votre temps ni votre énergie à essayer d'échapper à leurs regards lourds de reproches ou à les faire changer d'opinion. Respectez ce que vous a appris votre expérience, à savoir que votre handicap est un problème *réel que vous essayez de gérer au mieux*, et ne perdez pas votre temps à discuter avec des gens qui pensent autrement. Les gens qui comptent sont ceux qui sont capables d'oublier votre handicap, et les autres peuvent aller se faire voir.

Il n'est pas impossible que vous soyez obligé(e) de vous chercher un autre travail ou de limiter les sujets de conversation avec tel ou tel membre de votre famille. Mais n'oubliez pas que l'autre option — vous cacher, vous expliquer, vous excuser en permanence, etc. — est bien pire, et ne vous aidera pas à gérer votre handicap ni à vous accepter tel(le) que vous êtes.

Si vous ne dites pas clairement de quoi il retourne, personne ne pourra comprendre à sa juste valeur les efforts que vous fournissez pour vivre avec votre problème, ni vous venir en aide : les autres ne pourront alors que se demander s'ils ont fait quelque chose qu'ils n'auraient pas dû ou pourquoi ils n'arrivent pas à vous aider, et se retrouveront contaminés par votre angoisse et votre gêne. Le fait d'informer les autres de ce qui ne va pas chez vous n'est pas une confession ni une autocritique, c'est l'annonce courageuse de votre réalité, de vos succès, de votre volonté. Et ceux qui tiennent à vous vous soutiendront. Comme toujours, l'estime de soi qui repose sur la croyance que l'on est normal(e) et en droit de s'attendre à le rester n'est qu'une illusion fragile. Fondez plutôt votre estime de vous-même sur l'acceptation de votre différence et sur la conscience de votre capacité à prendre les bonnes décisions à cet égard, indépendamment de ce que pensent les autres et des limites que vous impose votre différence.

Peut-être ne gagnerez-vous jamais de compétition, mais vous pouvez être fier/fière d'assumer une tâche beaucoup plus ardue qui consiste à obtenir des résultats bien que votre chemin soit semé de ronces. Renoncez à vos secrets, luttez contre votre honte (à l'aide de tous les préceptes que vous voulez), et ayez de l'ambition pour vous-même !

DIAGNOSTIC EXPRESS

Ce que vous voudriez (mais faut pas rêver !) :

- recouvrer vos forces et guérir comme vous l'avez bien mérité vu les efforts que vous déployez depuis si longtemps ;
- être quelqu'un de délicieusement, d'ennuyeusement normal et moyen ;
- réussir des performances hors du commun et pouvoir les présenter à vos amis, parents et employeurs ;
- avoir confiance dans un futur où vous pourriez compter être dans une forme olympique.

Ce que vous pouvez réellement faire :

- savoir jusqu'où vous pouvez vous pousser sans risquer de rechuter ;
- savoir qui vous pouvez appeler et quels traitements prendre en cas de rechute ;
- être fier/fière de vos performances sans les comparer à celles des autres ;

- ne pas tolérer qu'on ne vous accepte pas comme vous êtes;
- réunir autour de vous un cercle de personnes ouvertes, compréhensives et aidantes.

Comment y parvenir :

- informez-vous sur votre handicap et sur les risques et bénéfices des traitements existants;
- ne laissez ni la crainte ni la honte vous empêcher de faire le nécessaire pour traiter votre problème et (re)prendre votre vie en main;
- informez les gens de votre problème, de vos besoins et de votre façon d'y faire face;
- privilégiez les amis et les employeurs compréhensifs;
- ne vous sentez pas investi(e) de la mission de convertir ceux qui ne veulent pas comprendre;
- sondez-vous régulièrement pour être sûr(e) de ce que vous êtes capable de faire.

Ce que je vous conseille de dire ou d'écrire ■ ■ ■

■ ■ ■ à quelqu'un qui refuse de comprendre votre situation et trouve que vous pourriez quand même faire un petit effort :

Cher/Chère [moi/membre de ma famille/patron(-ne)/ médecin spécialiste du handicap],

J'attache de l'importance à ton opinion concernant [mes performances/mon efficacité/mes arrêts maladie qui te semblent interminables] et [la douleur/les tremblements/l'épuisement/la salivation incontrôlée] que mon handicap entraîne [régulièrement/de façon imprévisible/tous les 36 du mois]. Cependant, je trouve également important d'être à l'écoute de mes limites et je suis fier/fière de rester aussi performant(e) que possible grâce aux traitements que j'utilise à bon escient. J'ai entendu tes inquiétudes, mais rassure-toi : je crois que je vais bien compte tenu des problèmes [ici, n'insérez PAS de détails ni d'explications, ça reviendrait à vous défendre] que j'ai traversés et dont je parle avec mon médecin — mais seulement avec lui. Et je compte bien accroître mes performances à mesure que ma guérison avancera.

SAVIEZ-VOUS ■■■

■■■ qu'à de nombreux égards, la vie ressemble à des Jeux paralympiques ?

Beaucoup de gens croient que si les Jeux olympiques sont un événement si important, c'est parce qu'ils rassemblent les meilleurs athlètes du monde entier et en évaluent l'excellence à l'aide des techniques de mesure les plus avancées. Ces gens pensent qu'il n'existe rien de comparable à une victoire olympique (enfin, en tout cas jusqu'à la cérémonie de clôture, après laquelle ils oublient jusqu'à l'existence du patinage artistique).

Si dans le clan Bennett, nous disons souvent (et croyons réellement) que la vie a beaucoup en commun avec les Jeux *paralympiques*, ce n'est pas pour rabaisser les succès remportés par les participants aux vrais Jeux paralympiques ni à n'importe quelle autre compétition, mais parce qu'en réalité, les JO ne sont pas l'affrontement fair-play qu'ils devraient être : certains pays ayant plus d'argent que d'autres, certains athlètes sont mieux dopés que d'autres, et l'honneur d'une nation compte généralement bien moins que la moindre victoire permettant de décrocher le parrainage d'un sponsor.

Dans la vraie vie, beaucoup de perdants se donnent beaucoup plus de mal que les gagnants, car on ne gagne — ni ne perd — pas toujours pour des raisons justes. Si on y réfléchit un instant, ce ne sont pas les JO qui devraient déchaîner le plus de passion et d'admiration, mais bien les Jeux paralympiques. Une personne qui décide de « participer » alors qu'un handicap la rend moins performante que la moyenne mérite davantage de respect qu'une personne en parfaite santé — et davantage de médailles. Non ?

CHAPITRE 5

Quand votre enfant a une faible estime de soi

S'IL EXISTE UNE RESPONSABILITÉ QUE LES parents devraient prendre vraiment à cœur vis-à-vis de leurs enfants — beaucoup plus que de leur faire porter un casque dès qu'ils esquissent le moindre geste ou leur imposer une combinaison antiradiation dès qu'ils veulent sortir au soleil —, c'est prendre soin de leur estime de soi.

Un parent peut ne pas être capable d'enseigner à ses enfants les maths, le foot ou la musique, mais s'il les aide à développer une bonne estime de soi, il n'aura pas raté sa mission.

Malheureusement, votre influence réelle sur ce facteur est encore plus faible que celle que vous avez sur votre estime de vous-même. Vous pouvez offrir à votre cher ange des tonnes d'amour, une alimentation saine, un couple parental harmonieux, une bonne éducation scolaire, suffisamment de sécurité, et n'être quand même pas en mesure de le/la protéger de difficultés d'apprentissage, de problèmes de socialisation, ni même juste de la nervosité, du perfectionnisme ou de la haine de soi.

Avoir des enfants est quelque chose de franchement angoissant quand on sait avec quelle facilité tout peut partir en vrille et qu'on ne peut pas faire grand-chose pour fortifier leur estime de soi. On se réfugie alors dans des films sur le pouvoir salvateur de l'amour (violons !), qu'il s'agisse de l'amour parental ou de celui d'un directeur d'école dans un « quartier difficile », grâce auquel un enfant échappe à la misère et à la haine de soi. Mais si vous mesurez le succès de votre éducation à l'aune de l'estime de soi de votre enfant, vous risquez fort de vous sentir en échec et, par ricochet, de devenir vraiment un mauvais parent même si, au début, vous n'étiez pas si nul(le) que ça.

La théorie des dominos appliquée à l'estime de soi pourrait vous faire croire que si vous pouvez aider votre enfant à devenir compétent en maths, en sports, etc., il/elle développera automatiquement une bonne confiance en soi et, par conséquent, de bonnes aptitudes sociales, ce qui lui garantira succès, richesse, bonheur et toute la chance du monde. Et vous permettra en fin de compte de considérer que vous avez fait un bon boulot. Si toutefois quelque chose — que vous n'êtes pas en mesure de contrôler — vient à bloquer l'un de ces dominos, le dernier ne parviendra pas au succès escompté et vous aurez échoué une fois pour toutes en tant que parent. Mauvais plan.

Nous savons pourquoi les parents s'imposent ainsi cette responsabilité globale : c'est qu'il est douloureux de voir la chair de sa chair se considérer comme un(e) nul(le) et de ne rien pouvoir faire pour l'aider. Mais de nombreux parents malheureux sont bien forcés d'admettre que cela peut arriver et que, quel que soit l'amour qu'ils portent à leur enfant, la « contagion » n'a pas fonctionné. Si c'est votre cas, votre mission — même si vous la trouvez cruelle — est alors de donner tous les atouts que vous pouvez à votre enfant, de garder à l'esprit que vous avez fait de votre mieux, *et de passer à autre chose*. Sinon, vous ne parviendrez qu'à vous épuiser et à vous faire du mal, à vous et à votre enfant, au lieu de rester fort(e) pour le jour où, peut-être, il se présentera une nouvelle chance de pouvoir faire quelque chose.

Ce qui rend les parents véritablement admirables, ce n'est pas la force de leur amour, pour extraordinaire qu'elle soit. C'est la force d'aimer même quand l'amour ne suffit pas à améliorer les choses, la force de ne pas prendre perso la souffrance de leur enfant et de continuer à avancer quand même. Les parents qui aiment des enfants qui ne s'aiment pas sont les parents les plus admirables, les plus extraordinaires qui soient.

TEST

Les signes qui indiquent assez clairement que vous avez peu d'influence sur l'estime de soi de votre enfant ■ ■ ■

■ ■ ■ vos menaces ont aussi peu d'impact que vos compliments ;

■ ■ ■ vous avez le plus grand mal à trouver une punition ou une récompense efficace ;

■ ■ ■ quand vous vous adressez à votre enfant, il est rare que vous obteniez une réponse, un petit rire ou ne serait-ce qu'un grognement ;

■ ■ ■ à part le silence, vous n'avez aucun sujet d'intérêt commun ;

■ ■ ■ même le psy de votre enfant ne peut pas vous aider, vu que lui non plus n'a même pas eu droit à un grognement.

LA LISTE DE VOS ENVIES

Parmi les souhaits les plus fréquemment exprimés par les personnes qui voudraient renforcer l'estime de soi de leur enfant, citons :

■ comprendre ce qui ne va pas ;

- arriver à se faire entendre par leur enfant à force d'amour et d'admiration ;
- aider leur enfant à se sentir mieux et/ou à arrêter les drogues ou les mauvaises fréquentations ;
- trouver un traitement ou un psy qui fera enfin bouger les lignes.

Trois exemples parmi tant d'autres :

« *Je sais que ma fille de quinze ans ment. Elle ne veut jamais reconnaître qu'elle ne fait pas ses devoirs alors que c'est évident. Elle ne peut pas s'empêcher de mentir tout le temps, même si ça la met dans la panade et qu'après, elle est malheureuse à chaque fois qu'un prof qui essayait de l'aider finit par baisser les bras et lui dit qu'il est déçu. J'ai tout essayé : les punitions, la compréhension, je me suis tapé des tas de réunions parents-profs, j'ai payé des cours particuliers, mais rien n'a jamais marché. Mon objectif est de la faire sortir de ce cercle vicieux où le manque de travail entraîne des mensonges qui entraînent des punitions et où à la fin elle a l'impression d'être complètement nulle.* »

« *Depuis que sa petite amie l'a quitté il y a un an, quand il était en seconde, mon fils est complètement à côté de ses pompes et nous n'arrivons pas à l'aider. Il a vu un psy, il a pris des antidépresseurs, rien ne marche. Pendant un mois, il a arrêté d'aller au lycée, en ce moment il y retourne, mais il n'arrive pas à travailler correctement. Il ne répond jamais au téléphone. Je vérifie régulièrement qu'il n'est pas suicidaire, mais à part ça, je ne sais pas quoi faire. Je voudrais tant l'aider à se ressaisir.* »

« *N'y allons pas par quatre chemins : ma fille est obèse. Ma femme et moi, nous avons tout essayé pour l'aider — il n'y a que des aliments sains à la maison, nous veillons à ce qu'elle fasse du sport à l'école, nous en avons parlé des milliers de fois avec le pédiatre —, mais même quand elle réussit à perdre du poids, elle est toujours plus grosse que les autres filles de sa classe. Ses camarades de classe, filles et garçons, se moquent cruellement d'elle. Elle passe son temps à pleurer et nous avons très peur qu'elle se mette à se scarifier ou qu'elle devienne anorexique. Ce que nous voudrions, ma femme et moi, c'est la protéger des méchancetés en la faisant mincir une bonne fois pour toutes.* »

VOUS N'ÊTES PAS RESPONSABLE DE TOUT

La meilleure façon d'aider votre enfant à développer ou à retrouver une bonne estime de soi est de limiter ses responsabilités, ainsi que les vôtres. Ce conseil semble horrible à tous les (nombreux) parents qui ont l'impression que le seul moyen de développer les dons et les atouts de leurs marmots est de les surcharger de responsabilités et d'activités à tel point que même les pauses pipi doivent être planifiées à l'avance. Par ailleurs, limiter les responsabilités de leurs enfants semble souvent trop « permissif » aux parents et aux enseignants qui essaient d'aider les jeunes à gérer et à assumer leurs monstres intérieurs, la pression extérieure — ou tout bonnement leurs hormones.

Le problème, c'est qu'il y a des limites au contrôle de soi (en cela, les jeunes ne sont pas différents des adultes) et qu'en poussant leurs responsabilités au-delà de ces limites, on finit par saper leur confiance au lieu de la renforcer.

Si vous vous croyez à 100 % responsable du bonheur de votre enfant, vous allez droit à l'échec. Idem pour lui/elle. En effet, s'il/si elle se croit à 100 % responsable de faire son travail correctement, de contrôler son comportement, d'être sage et bien élevé(e), d'être bien dans sa peau et, en plus, de ne pas subir la honte de se faire déprécier ou harceler, il/elle finira forcément par se reprocher ses manquements, voire les situations qu'il/elle ne contrôle pas. Et Dieu sait que tous les points de la liste ci-dessus peuvent partir très facilement en cacahuète.

Il vous revient donc, dans son intérêt comme dans le vôtre, de comprendre que certains problèmes ne peuvent être résolus, et que vous n'êtes pas pour autant coupable ou mauvais – ni vous en tant que parent, ni lui/elle en tant qu'enfant. La bonne nouvelle, c'est que certains problèmes qui s'avèrent insolubles à un moment peuvent être résolus quelques mois plus tard, surtout chez les jeunes dont le cerveau encore très plastique mûrit et évolue rapidement. Dans tous les cas, reconnaissez les limites des capacités et de la responsabilité de votre enfant, qu'elles soient provisoires ou vouées à durer.

Ne vous polarisez donc pas trop sur les mauvaises décisions, les siennes comme les vôtres, et soyez plutôt attentif(-ve) à noter ce que vous faites bien, votre enfant et vous. Ne partez pas du principe qu'il/elle est malheureux(- se) parce que *vous* avez fait quelque chose que vous n'aviez même pas remarqué. Votre seule erreur éventuelle, c'est de n'avoir pas utilisé de moyen de contraception le jour de sa conception et d'avoir donc transmis à ce(tte) pauvre innocent(e) des gènes qui lui font la vie dure.

Par ailleurs, prenez en compte que ce n'est pas parce que les enseignants sont là pour vous aider dans vos tentatives de développer une bonne estime de soi chez votre enfant qu'ils n'ont pas, eux aussi, tendance à se croire responsables de tout et n'importe quoi et, par conséquent, à toujours vouloir trouver un coupable pour tout ce qui ne va pas. C'est pour cette raison que si les entretiens parents-profs commencent généralement dans une certaine cordialité, ils tournent vinaigre dès que l'une des deux parties trouve quelque chose à redire à ce qu'a fait l'autre. Gardez-vous bien d'entrer dans cet engrenage.

Soyez constructif(-ve) et soulignez les succès obtenus par les enseignants plutôt que de vous laisser embringuer dans des débats à couteaux tirés autour de ce qui n'a pas marché, mais *aurait pu marcher si seulement* bla-bla-bla...

Bien sûr que vous devez assumer — dans une mesure raisonnable — la responsabilité de ce que vous considérez comme étant *réellement* en votre pouvoir, par exemple inciter votre rejeton à respecter les règles du savoir-vivre en le/la récompensant quand il/elle le mérite (sans perdre de vue que vous ne pourrez jamais être sûr(e) de sa façon d'agir), ou contrôler ses devoirs et lui fournir un soutien extrascolaire. Il existe également des procédés permettant de limiter les pulsions autodestructrices et autres troubles alimentaires. S'ils ne marchent pas, faites-vous conseiller et essayez autre chose. Quoi qu'il en soit, prenez fréquemment le temps de vous féliciter pour ce que vous faites, de féliciter votre enfant pour ses efforts et d'apprécier pleinement tout ce que vous considérez benoitement comme allant de soi dans les moments où la vie est un long fleuve tranquille. Par exemple, prêtez attention à tout ce que votre enfant réussit *malgré* son obésité, au lieu de revenir en boucle sur tout ce qui pose problème *à cause* d'elle.

Le fait de reconnaître la valeur de vos efforts, *quels qu'en soient les résultats*, vous aidera à empêcher que la frustration et l'impuissance n'empoisonnent votre éducation et vos espoirs pour l'avenir de votre enfant. Au moins jusqu'à ce qu'il/elle ait dix-huit ans et que ni lui/elle, ni son estime de soi ne relèvent plus de votre responsabilité (en tout cas selon la loi).

DIAGNOSTIC EXPRESS

Ce que vous voudriez (mais faut pas rêver !) :

- avoir le pouvoir de renforcer la confiance en soi de votre enfant;
- avoir confiance dans votre capacité à protéger votre enfant de la dépression et de la haine de soi;
- connaître un traitement qui exauce ces deux souhaits;
- être sûr(e) que tout ne va pas partir en vrille d'un jour à l'autre.

Ce que vous pouvez réellement faire :

- être un bon père/une bonne mère;
- pour la plupart des problèmes qui se posent à votre enfant, être réaliste sur ce que vous pouvez et ne pouvez pas faire;
- vous faire aider par un(e) professionnel(le) et voir si cela vous est utile;
- savoir reconnaître quand être un bon père/une bonne mère ne suffit plus;
- garder le moral quand rien ne marche.

Comment y parvenir :

- en lisant, en observant les autres et/ou en vous remémorant votre expérience avec vos propres parents, établissez vos propres critères de bonne parentalité indépendamment du bien-être immédiat des uns ou des autres ;
- utilisez les mêmes méthodes pour développer des stratégies de gestion des vrais problèmes ;
- comprenez que les enfants/ados sont capables de supporter beaucoup de souffrance, y compris celle de ne pas s'aimer eux-mêmes, même quand *toutes* les personnes concernées font de leur mieux ;
- gardez toujours à l'esprit ce que vous et d'autres faites bien malgré la difficulté de la situation ;
- ne partez jamais du principe que si une situation n'évolue pas, c'est parce que quelqu'un a fait une erreur ;
- ne partez jamais du principe que le manque d'estime de soi de votre enfant est dû à une erreur de votre part, ni que cela exige de vous davantage d'efforts et d'attention.

Ce que je vous conseille de dire ou d'écrire ▪▪▪

▪▪▪ à vous-même ou à un tiers inquiet qui s'étonne de voir votre enfant si malheureux et manquant si cruellement d'estime de soi :

Cher/Chère [moi/membre de ma famille/enseignant/psy/assistante sociale mécontente],

Je partage tes soucis concernant [la souffrance/les mauvaises notes/les mauvais comportements/l'insondable mélancolie] de mon enfant, et ça ne date pas d'hier. Je pense que mon conjoint et moi, ainsi que [insérez ici la liste des professionnels qui vous aident] avons eu quelques bonnes idées pour lui venir en aide. Certaines d'entre elles ont fonctionné — mais malheureusement pas assez bien. Actuellement, nous réfléchissons à [une nouvelle psychothérapie/de nouveaux soins à domicile/une modification de son traitement/une inscription dans une école militaire]. Il y a quelques signes positifs, mais la situation reste précaire. Nous apprécions l'aide précieuse dont nous avons bénéficié.

Soyez tolérant avec vous-même

QUOI QU'EN DISE LA PSYCHOLOGIE NAÏVE, n'accordez pas trop d'importance à l'estime de soi — même s'il est bien sûr toujours plus agréable de s'apprécier que de se déprécier (voire de se détester). Développez vos propres méthodes objectives (tenez-vous-en aux faits, rien qu'aux faits) pour déterminer si vous-même, ou quelqu'un à qui vous tenez, fait tout aussi bien que possible, et s'il est utile ou non de vous considérer comme responsable de ce qui n'a pas donné les résultats escomptés. Dans presque n'importe quelle situation, il suffit d'un peu de bon sens pour savoir si vous vous êtes donné suffisamment de mal et vous êtes montré(e) à la hauteur, compte tenu de tout ce qui échappe à votre contrôle. Quel que soit le niveau de votre estime de vous-même, vous saurez alors trouver moyen de tirer le meilleur parti de n'importe quelle situation, y compris la pire, de reconnaître la valeur de vos efforts et d'avoir confiance en votre capacité à faire bien les choses.

Peut-être que vous ne vous aimerez toujours pas vous-même, mais au moins, vous pourrez ainsi apprécier ce que vous faites.